"十三五"国家重点图书项目

国家出版基金项目
NATIONAL PUBLICATION FOUNDATION

中外文化交流史

何芳川◎主编

中国美国文化交流史

王立新◎著

国际文化出版公司
·北京·

图书在版编目（CIP）数据

中外文化交流史 . 中国美国文化交流史 / 何芳川主编；王立新著 . -- 北京 : 国际文化出版公司 , 2020.12

ISBN 978-7-5125-1265-8

Ⅰ . ①中… Ⅱ . ①何… ②王… Ⅲ . ①中美关系—文化交流—文化史 Ⅳ . ① K203 ② K712.03

中国版本图书馆 CIP 数据核字 (2020) 第 270262 号

中外文化交流史 · 中国美国文化交流史

主　　编	何芳川
作　　者	王立新
统筹监制	吴昌荣
责任编辑	李　璞
出版发行	国际文化出版公司
经　　销	全国新华书店
印　　刷	文畅阁印刷有限公司
开　　本	710 毫米 × 1000 毫米　　　　16 开
	6.5 印张　　　　　　90 千字
版　　次	2020 年 12 月第 1 版
	2020 年 12 月第 1 次印刷
书　　号	ISBN 978-7-5125-1265-8
定　　价	38.00 元

国际文化出版公司

北京朝阳区东土城路乙 9 号　　　　邮编：100013

总编室：（010）64271551　　　　传真：（010）64271578

销售热线：（010）64271187

传真：（010）64271187—800

E-mail：icpc@95777.sina.net

目录
Contents

第一章 中国文化在美国的早期传播及其影响

中美文化关系史研究中，美国文化在中国的传播及其对现代中国的影响自 20 世纪 80 年代以来得到学者持续的关注，传教士在中国的活动、留学生的影响、杜威等美国知识领袖在中国的经历以及基金会对中国教育文化事业的贡献成为中美文化关系史研究中的重要主题。①学者们相信，中美文化交流基本上是单向的，

杜威

① 关于近代以来中美文化关系的重要著作有：熊月之《西学东渐与晚清社会》，上海人民出版社，1994 年；冯承柏《中国与北美文化交流志》，上海人民出版社，1998 年；张注洪主编《中美文化关系的历史轨迹》，南开大学出版社，2001 年；陶文钊、陈永祥主编《中美文化交流论集》，中国社会科学出版社，1999 年；顾长声《传教士与近代中国》，上海人民出版社，1981、1991、2004 年；王立新《美国传教士与晚清中国现代化》，天津人民出版社，1997 年；李喜所《近代留学生与中外文化》，天津人民出版社，1992 年；程新国《庚款留学百年》，东方出版中心，2005 年；元青《杜威与中国》，人民出版社，2001 年；资中筠《洛克菲勒基金会与中国》，陶文昭、梁碧莹主编《美国与近现代中国》，中国社会科学出版社，1996 年。

即以美国为代表的强势的西方文化大量传入中国，而处于弱势的
中国文化对美国社会影响甚微。[①] 近年来，虽然一些研究美国文学
的学者关注中国文化对美国文学的影响，如从拉尔夫·沃尔多·爱

拉尔夫·沃尔多·爱默生

---

① 如罗荣渠教授认为，近代中美，乃至整个中西文化交流不同于前资本主义
时期的古典文化交流的一个重要特点就是"呈现为单向的（从西向东）、扭曲的、
'挑战应战'的形式"。张注洪教授也认为中美文化交流"常常表现为来而不
往或有来无往，实际上谈不上交流"。参见罗荣渠《美国与资产阶级新文化输
入中国》，见周一良主编《中外文化交流史》，河南人民出版社，1987年版
第631页；张注洪主编《中美文化关系的历史轨迹》，南开大学出版社，2001
年版第2页。

默生、亨利·戴维·梭罗、埃兹拉·庞德等人的言论和著作中寻找儒家思想的烙印，[①] 但几乎所有的中国学者都否认中国文化对美国历史进程具有实质性的影响。笼统地说中美文化交流是"单向的""由西向东"进行的，虽然可以在一定程度上揭示近代中美文化关系不平衡的特点，但这一命题大大低估了中国思想文化对美国的贡献。实际上，从 18 世纪开始，中国文化就传入北美，并逐渐成为美国多元文化中的一支。1949 年前居住在中国的美国著名记者伊罗生（Harold R. Isaacs）在 1958 年曾这样描述中国文化对美国生活的影响：

> 中国的斑点点缀于我们的日常生活中，这一点可谓老少皆知。一个多世纪以前，由新英格兰航海家引进的中国式的房屋装饰风格作为一种时尚，至今还伴随着我们，在最近几年中，中国风格已经扩展到女性服装，甚至是面部化妆之中。在本世纪 20 年代，麻将热席卷美国，然后消失，但中国餐馆却已成为美国城市中令人熟悉的风景。……我们很小就可以一眼认出中国农民戴的圆锥形草帽，或是中国式样房顶向上翘起的角，我们知道中国谜语、中国棋、中国灯笼、中国红、中国黄——事实上，《韦氏新国际词典》中几乎有三栏密密麻麻地带有"中国"前缀的单词，其中包括我们最喜爱的花卉，这些花

---

① 如钱满素《爱默生和中国》，三联书店，1996 年；刘岩《中国文化对美国文学的影响》，河北人民出版社，1999 年；钟玲《美国诗与中国梦：美国现代诗里的中国文化模式》，广西师范大学出版社，2003 年。

美国诗人、文学评论家埃兹拉·庞德

是很久以前从中国带回并移植于我国的，如杜鹃、芙蓉、芍药和紫藤。①

美国学者莱曼·斯莱克（Lyman P. Van Slyke）说："在 19 世纪，中国对美国的影响就广度来说要比美国对中国的影响大得多。"② 这一估价大体是不错的，美国在 19 世纪对中国的影响微乎其微，而中国对美国的贡献则影响了美国的发展进程。③ 但是，中国对美国的影响却很少被注意和承认，④ 与此相对照，美国文化在中国的

---

① Harold R.Isaacs, *Scratches on Our Minds: American Images of China and India*, Westport, Connecticut: Greenwood Press, 1958, pp.69 ~ 70.

② Lyman P. Van Slvke, "Culture, Society, and Technology in Sino-American Relations", Michel Oksenberg and Robert B.Oxnam, eds., *Dragon and Eagle*: *US-China Relations*: *Past and Future*, New York: Basic Books, Inc, 1978, p.137.

③ 对华贸易为波士顿、纽约和费城的一些商人积累了巨额资本，他们把这些资本投资到美国国内的工商业，促进了美国经济的发展，加快了工业革命的进程。发展对华贸易也是吸引美国西进乃至向太平洋扩张的动力之一，因为美国西部的毛皮和人参是输往中国的大宗商品，而占据太平洋岛屿可以获得离中国最近的贸易据点。同时对华贸易还促进了美国远洋航海技术的进步，在 19 世纪 30 年代，美国出现了专门用来进行对华贸易的飞剪船（the clipper ships），这是一种载重多、速度快的远洋帆船，飞剪船的出现使美国商人在对华贸易中获得很大优势。而华工赴美则促进了美国西部的开发，特别是对美国建设横贯大陆的铁路做出了巨大的、不可替代的贡献，没有华工，横贯大陆的铁路至少要推迟若干年才能建成。到 18 世纪 70 年代末，大约有 200 名美国传教士在中国传教，而此时在美的华人已有 10 万人之多。在这一时期，传教士在中国的活动是零星的，其影响是极其有限的，传教活动对中国社会的影响要到 19 世纪末 20 世纪初才逐渐显露出来。

④ 1993 年，美国学者 A. 欧文·奥尔德里奇（A.Owen Aldridge）出版《龙与鹰：中国在美国启蒙运动中的形象》（The Dragon and the Eagle: *The Presence of China in the American Enlightenment*, Detroit: Wayne State University Press, 1993）一书，讨论了美国启蒙时期中国的形象及其意义，在一定程度上纠正了传统的看法，也为本文的写作提供了重要的启示。但该书仍遗漏了很多重要史料，并且主要从文学的角度来进行研究，与本文的旨趣迥然不同。

传播及其影响则备受学者的注目。这一现象无疑是不正常的。本书试图关注中国文化在 18—19 世纪对美国的影响，以此弥补以往研究之不足。作者试图说明，中美文化关系虽然不平衡，但绝不是单向的，中国文化对美国的发展做出了重要贡献。本书的"文化"取其广义，既指观念层面的儒家思想，也包括物质层面的中国农作物和植物，还包括绘画和瓷器等艺术品。笔者并不追求面面俱到，主要是通过对新史料的挖掘和梳理，来弥补过去研究之不足，而对学术界已经广为讨论的方面则不予涉及。

第二章

中国文化对美国
启蒙运动的影响

众所周知，中国文化对 18 世纪欧洲启蒙运动具有重要影响，特别是儒家思想的诸多要素和特质为启蒙思想家批判欧洲专制制度和神权统治提供了重要的思想武器。中国文化中非宗教的理性主义和人文主义被比附成反对宗教蒙昧的自然法和自然神论，中国的圣哲文化和贤明统治被启蒙思想家视为他们极力鼓吹的开明专制；中国对农业的重视和成熟的农业管理与耕作技术成为法国重农学派赞赏和效仿的典范。尽管启蒙思想家对中国文化的认识在相当程度上"失实"，不过是一种文化"误读"，伏尔泰、魁奈（Francois Quesnay）等人实际上是在利用中国的形象来表述自己的政治与文化主张，但无论如何，中国文化对启蒙运动的贡献都是显而易见的。法国学者居伊·索尔芒（Guy Sorman）说："中国在 18 世纪哲学、政治和经济的重大主题构思上起着举足轻重的作用：法治政府、自然神论、开明君主论、知识分子的作用、重农学说，所有这些都来自中国或者说都因中国而合法化。"[①] 儒家

---

① ［法］居伊·索尔芒（Guyr Sorman）：《法国知识分子看中国》，秦海鹰译，载《法国研究》，1991 年第 1 期第 94 页。

哲学"因其理性主义特征和民主的倾向被欢呼为来自另一世界具有革命性的福音。……自 18 世纪末以来，西方再也没有对中国产生如此浓厚的兴趣，并对哪个国家有如此崇高的敬意"。[①]

美国的启蒙运动虽然比英法要晚一些，[②] 但同样发生了类似欧

伏尔泰画像

魁奈画像

① H.C.Creel, *Confucius*: *The Man and the Mrth*, New York: The John Day Company, 1949, p.263.

② 关于美国启蒙运动的起止时间，美国学术界有不同的看法。阿德里安娜·科克（Adrienne Koch）认为 1765—1815 年是美国历史上的启蒙时代，这一时代即约翰·亚当斯所称的"革命与制宪的时代"，它开始于反英斗争初期关于是否脱离英国的辩论，结束于联邦初期将宪法的原则付诸实践和一个新的自由共和国在全国范围内的巩固。而研究美国文化史的学者 A. 欧文·奥尔德里奇（A.Owen Aldridge）则把本杰明·富兰克林出生的那一年即 1706 年至托马斯·杰斐逊逝世那一年，即 1826 年视为美国的启蒙时代。大体说来，18 世纪中期至 19 世纪初期可以视为美国历史上的启蒙时期。参见：Adrienne Koch, The American Enlightenment: *The Shaping of the American Experiment and a Free Society*, New York: George Braziller, Inc, 1965, pp.19 ～ 20; A.Owen Aldridge, *The Dragon and the Eagle*: *The Presence of China in the American Enlightenment*, Detroit: Wayne Stare Universily Press, 1993, p.7.

洲的现象，即中国文化成为美国启蒙思想家用来论证自己思想主张的材料和佐证，中国文化影响欧洲启蒙运动的那些主题在美国基本上都可以找到。在美国启蒙时期的六大思想家——本杰明·富兰克林、托马斯·潘恩、托马斯·杰斐逊、约翰·亚当斯、詹姆斯·麦迪逊和亚历山大·汉密尔顿——中，至少有四位对中国给予了关注，并都是中国的崇拜者，其中尤以富兰克林对中国的儒家文化最为推崇。

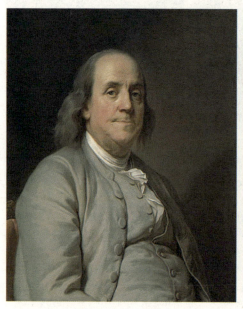

本杰明·富兰克林画像　　　　　　　　托马斯·潘恩画像

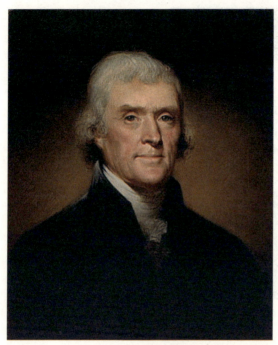

托马斯·杰斐逊画像

约翰·亚当斯画像

詹姆斯·麦迪逊画像

亚历山大·汉密尔顿画像

虽然在 1784 年"中国皇后"号商船首航中国前，中美之间还没有直接的交往，但 18 世纪中期的英属北美殖民地并不缺乏了解中国的渠道。其一是通过英国东印度公司输往北美的中国产品，包括茶叶、瓷器和丝绸，这些中国商品向 13 个殖民地的人民传达了一种非常积极的中国形象。其二是通过欧洲旅行家、传教士和思想家撰写的关于中国的著作。在 18 世纪，伦敦或巴黎出版的大部分关于中国的书籍都以这样或那样的形式传到了美洲殖民地。如 18 世纪上半期费城最富有的政治家詹姆斯·洛根（James Logan），曾在 1733 年为他的私人图书馆获得一套巴黎 1687 年出版的《西文四书直解》（又译《中国贤哲孔子》 *Confucius Sinarum Philosophus*）。该书由比利时人柏应理（Philip Couplet）编辑，由曾经来华的耶稣会士西西里人殷铎泽（Prosper Intorelta）、奥地利人恩理格（Henriques Herdtrich）、荷兰人鲁日满（Frantis Rougemont）和柏应理共同翻译，收有儒家经典四书的前三部，即《大学》《中庸》和《论语》，在欧洲文化界极有影响。1735 年法国耶稣会士杜赫德（Jean-Baptiste du Halde）在巴黎编辑出版的《中国通志》（*General Description of China*）很快也传到了美洲，本杰明·富兰克林在 1738 年就曾引用过该书。该书内容涉及中国的历史、地理、政教、风俗，同时也包括四书五经中的一些段落，并有少量的戏曲和小说，在当时被认为是关于中国的标准教科书，在欧洲广为流传。1768 和 1779 年纽约市的约翰·斯特里特剧院（John Street Theatre）还上演了由阿瑟·墨菲（Arthur Murphy）改编自法国大思想家伏尔泰的戏剧《中国孤儿》（*Orphan of China*）。①

1735 年法文版《中国通志》

① Aldridge，*The Dragon and the Eagle: The Presence of China in the American Enlightenment*，pp.18，21，23.

"中国皇后"号商船

法语版《中国贤哲孔子》

在美国的启蒙思想家中，富兰克林最早对中国文化，特别是儒家思想发生兴趣。作为游历于大西洋两岸的名流，富兰克林知识渊博，是一位百科全书式的学者，他对知识特别是实用知识有着强烈的渴望。富兰克林在中国文化中首先发现的是与他思想相通的儒家伦理思想。1738 年，富兰克林在他主办的周报《宾夕法尼亚公报》（*Pennsylvania Gazette*）上发表《孔子的伦理》（*From the Morals of Confucius*）一文。[①] 文章节录了《大学》中的大量内容，特别是《大学》中如何"正心""诚意"和"修身"，即砥砺自身道德的原则和方法，并有富兰克林本人的评论。富兰克林把孔子视为一个道德思想家。在富兰克林看来，孔子作为一位哲人关注和讨论的主要是三个方面的事情：1. 为了培育我们的思想和规范我们的行为方式，我们应该做什么？ 2. 指导和教育他人的方法。3. 每个人都应该追求至善（sovereign good），通过坚持至善达到安详宁静。这里富兰克林其实是指《大学》第一段："大学之道，在明明德，在亲民，在止于至善。知止而后能定，定而后能静，静而后能安，安而后能虑，虑而后能得。"[②]

众所周知，富兰克林在美国被视为通过诚实、勤勉等美德获得成功的典型，成为美德的化身，他的很多道德格言在美国长期流传，产生广泛的影响。根据富兰克林自传的记述，18 世纪 30 年

[①] *Pennsylvanic Gazette*，No.482，March 7，1738；No.484，March 21.1738.

[②] ［英］理雅各原译，刘重德、罗志野校注《汉英四书》，湖南出版社，1992 年版第 2 页。

代的富兰克林正在寻找培养个人美德、使个人品质日臻完美的方法，并认为美德对培养合格的公民非常重要。作为一个自然神论者和世俗道德主义者，富兰克林认为道德规范并非来自宗教律条，而是来自现实生活的实践，主张在社会生活中进行道德修养，通过修身实现道德的进步和事业的成功。这一点与孔子的思想非常类似，这可能就是富兰克林对孔子的道德观感兴趣的原因。富兰克林认为教堂里的布道宣传的是宗教律条，而不是道德伦理原则，这使他十分"厌恶"，于是他决心自己提出"达到道德完美的大胆而艰巨的计划"。他认为，"光是理论上相信完美的品德对我们有利，还不足以防止过失的发生，不好的习惯必须打破，好的习惯必须加以培养，我们才能确保我们的行为始终如一地正确"。①为此他提出人应该具有的 13 种德行，包括：节制、语言、有序、决心、俭朴、勤勉、诚恳、公正、适度（moderation）、清洁、镇静、贞节（chastity）、谦虚。富兰克林还为如何培养和实践这些美德制定了每天的日程安排和行为规范，包括树立一个目标，然后持之以恒地去努力实现，并要严格检查、督促自己和经常反省自己的行为与过失。② 富兰克林称这些养成美德的方法为"道德的艺术"（The Art of Virtue），并以此为书名写了一本小书送给友人，提出了很多磨砺道德的方法。他在给友人的信中说："大多数

---

① Russel B. Nye, ed., Benjamin Franklin: *Autobiography and other Writings*, Boston: Houghton Mifflin Company, 1958, p.75.

② Nye, ed., *Benjamin Franklin: Autobiography and other Writings*, pp.75 ~ 77.

人天生就有一些美德，但是没有人天生会获得所有的美德。获取自身缺乏的美德、保持已经获得的和天生就有的美德是一种艺术，就像绘画、航海和建筑是一门艺术一样。"①富兰克林摘录孔子的道德教诲显然是为其修身活动服务的，孔子对实践伦理的强调非常契合富兰克林的思想，富兰克林在《大学》里实际上发现了他所推崇的道德修养之法，即"道德的艺术"。富兰克林经常强调美德对于财富的重要性。他在自传中说"没有一样东西能像道德一样能使人发财致富"，"世界上没有其他品质能像正直和诚实那样可能使一个穷小子发财"。②《大学·曾传》中就有类似的教诲："君子先慎乎德。有德此有人，有人此有土，有土此有财，有财此有用。德者，本也；财者，末也。"③

《大学·曾传》有这样一段话："所谓平天下，在治其国者，上老老而民兴孝，上长长而民兴弟，上恤孤而民不倍，是以君子有絜矩之道也。"④其意在强调君主或国家领导人典范的作用，告诫领导人应该自己做道德的楷模，以此影响大众。这与富兰克林的思想是吻合的。富兰克林也强调领导人的典范作用对培养民众道德的重要性，他试图把自己的道德艺术扩展到社会其他人。富兰克林做的一项重要工作就是把他收集的和个人总结的道德箴言编辑出版，其中最有名的就是从 1733 年开始发表的《穷

① Benjamin Franklin, "The Art of Virtue", Koch, *The American Enlightenment: The Shaping of the American Experiment and a Free Society*, p.86.
② Nye, ed., *Benjamin Franklin: Autobiography and other Writings*, p.84.
③ 《汉英四书》，湖南出版社，1992 年版第 16 页。
④ 同上，第 14 页。

查理年鉴》。富兰克林将其视为"在普通人民中间进行教育的一种适当上具"。富兰克林痛感政治家自私自利，缺乏美德，不能为人类的利益服务，他设想把有道德的、善良的人组织起来成立一个正规的团体，叫"美德党"（Party of Virtue），并吸引年轻人参加，以养成美德，培养合格的公民，并以此影响大众，改造社会。①富兰克林在该文中择录了《大学》中这方面的内容，称"君王应通过他的劝勉和自己的榜样使他的人民成为新民"。②文中特别赞赏尧帝的作用："从未有任何一个人能比尧帝更能实践孔子的门徒所说的所有的责任……尧虽然是在耶稣诞生前2357年成为帝王的，但是他用审慎和智慧进行统治，对他的臣民表现出无比的宽厚和仁德，使他的臣民成为世界上最幸福的人……尧具有一个君王应该具有的所有优秀品质。"③

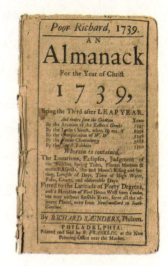

1739 年发行的《穷查理的年鉴》

尧的画像，存于台北故宫博物院

① Nye, ed., *Benjamin Franklin: Autobiography and other Writings*, pp.86～87.
② "From the Morals of Confucius", *Pennsylvania Gazette*, No.482, March 7.1738.
③ "From the Morals of Confucius", *Pennsylvania Gazette*, No.484, March 21.1738.

　　1749 年 7 月，当时著名的宗教复兴运动——"大觉醒"运动的领袖乔治·怀特菲尔德（George Whitefield）写信给富兰克林，向富兰克林描述他本人在新英格兰上层社会布道的经历。富兰克林在给怀特菲尔德的回信中建议他应该说服他的信徒"过一种优秀的值得效仿的生活"，这样就会"在下层社会行为方式上带来巨大的变化"。他以孔子为例，赞扬孔子的行为，称孔子为"东方著名的改革家"。他说，孔子"看到他的国家在罪恶中沉沦，邪恶耀武扬威，他亲身到贵族阶层，用他的理论使他们服膺美德，

"大觉醒"运动领袖乔治·怀特菲尔德

大批普通人纷纷效仿追随。这一方式对人类具有极大的意义。……
我们在西部的宗教改革运动（reformation）开始于缺少知识的民众，
担心入地狱的普通民众比上流社会的人要多……两种方法都采用
的地方，宗教改革的速度会更快"。① 值得注意的是，富兰克林没
有以耶稣为典范，而特别推崇中国的先哲孔子，这是不同寻常的，
表明了他对孔子的高度敬仰。

富兰克林特别赞赏《大学》中格物致知、知至而身修的道理。
《大学·孔经》有这样一段话："致知在格物，物格而后知至，知
至而后意诚，意诚而后心正，心正而后身修。"② 富兰克林认为这
是强调理性的作用。他说："孔子说，获得真正知识以及通过知识
获得最优秀的人格的秘诀是培育和磨炼理性（reason），而理性是
我们从上天接受的礼物。"③ 富兰克林把孔子格物致知的思想比附
成启蒙思想中的理性，虽然有些牵强，但这种比附或者说"误读"
却有着不同寻常的意义。

当时欧洲的一些启蒙思想家也强调君主美德的重要性，推崇
中国式的开明专制。富兰克林 1767 年到巴黎，成为法国知识分子
聚会沙龙的常客。也正是在这一年，魁奈出版了他的《中华帝国
的专制制度》（*Despotism in China*）一书，盛赞中国政府是欧洲
应该效仿的典范。富兰克林对儒家伦理的欣赏既源于个人的志趣，

① J. A. Leo Lemay, ed., *Benjamin Franklin*, *Writings*, New York: Literary
Classics of the United States, Inc., 1987, pp.439 ～ 440.
② 《汉英四书》，湖南出版社，1992 年版第 3 ～ 4 页。
③ "From the Morals of Confucius", *Pennsylvania Gazette*, No. 482, March
7, 1738.

又受到欧洲启蒙思想家的影响。

富兰克林对中国的兴趣还体现在他虚构的作品《中国书简》（*A Letter from China*）中。[①]这是 18 世纪新大陆关于中国最重要的文学作品，关于中国的内容可以与笛福的《鲁滨孙漂流记》媲美。《中国书简》的内容是假托一位住在里斯本的葡萄牙人给其巴黎的朋友写信，该信记述了跟随英国探险家库克船队到东方探险的一位英格兰船员与探险队失去联系后在中国的经历。该船员在中国居住了三四年，后来移居美国。《中国书简》首刊于 1788 年 5 月的《丛报》（*The Repository*）杂志上。后被富兰克林文集的编者收录在 1836 年出版的《富兰克林著作集》中。信中说，这位英格兰海员曾在一个中国农家生活约一年，与该农家保持着非常好的关系。他曾在一家皮鞋厂当过学徒，在中国生活期间重操旧业，给该农民的家人和邻居做了很多皮鞋，深受欢迎，农民的妻子还把他制作的皮鞋出售，他每周可以得到一盎司银子的收入，农

笛福画像

---

① 全文见于 Jared Sparks, ed., *Benjamin Franklin*, *Works*, 10 vols, Boston: Hilliard and Gray & Co., 1836—1840, Vol.2, pp.241～249.

民差一点儿把自己的女儿许配给他，要他留在中国，但是她爷爷不愿意自己的孙女嫁给一个外国人。这位英国海员喜欢中国农民的生活方式，唯一不喜欢的是"有时吃狗肉"。信中对中国人的日常生活和习俗有很多细致的描述，称中国猪肉"好极了"，"各种方式做的米饭也很好"，并特别详细描述了豆腐的制作方法。谈到中国宗教时信中称："他们有一种宗教，也有教士和教堂（实际上应该是僧人和寺院——引者），但他们不守礼拜日，也不去教堂。""在每一个家庭都有一个神像，他们向神像表示谢意、供奉礼品以及在收获的季节向神像表示尊敬，而在其他时间很少这样做。"他问主人家为什么不去教堂，主人家的回答是，他们已经付钱让僧人为他们祈祷，这样他们就可以留在家里照顾生意，既然已经付钱让他人代为祈祷，就没有必要自己再去寺院。而他们的生意越红火，他们就越有钱请僧人为他们祷告。[①] 这一段话非常符合富兰克林自己对宗教的看法。很有可能富兰克林是借这位海员之口来表达自己的宗教观。这位英国海员还在一位清官员的花园中工作过一段时间。信中称中国茶叶的种类非常多，还提及中国人把甜马铃薯的叶子混在普通茶叶里出售。[②]《鲁滨孙漂流记》对中国有很多负面的描写，称中国贫穷、肮脏和骄傲。富兰克林的《中国书简》对中国的描写则相当客观，其中有很多赞美的评价。

---

① "A letter from China"，Sparks，ed.，*Benjamin Franklin*，*Works*，Vol.2，pp.244～245.

② "A letter from China"，Sparks，ed.，*Benjamin Franklin*，*Works*，Vol.2，p.247.

1719年第一版的《鲁滨孙漂流记》

　　富兰克林常常用中国的例子和中国的格言作为其道德主张的论据。在1774年3月撰写的关于贸易的文章谈及勤劳的美德时，富兰克林说："这是一位中国皇帝的一句至理名言：'假如可能，在我的统治下，不允许有游手好闲；因为，如果有一个人无所事事，另外一些人就要受冻和挨饿。'我领会这位皇帝的意思是，每个人应该贡献给社会为其生存所必需的劳动，如果由于懒惰而没有完成，自然要由别人承担，因此承担者就要遭受痛苦。"他认为"财富来源于土地和勤劳，一个国家有了土地和勤劳就一定会繁荣"。①

在政治方面，富兰克林也认为中国有很多值得美国人学习的地方。富兰克林在巴黎担任大陆会议派往法国的代表时曾于 1777 年与另一位代表阿瑟·李（Arthur Lee）谈及未来的美国政府可以引进中国政府的智慧，二人都是中国的崇拜者。李建议说，如果美国派一个特使去中国，告诉中国皇帝，"美国作为一个年轻的民族希望应用他的政府的智慧，并因此希望获得他的法典，中国皇帝会愿意给我们，因为看起来我们不会像其他国家的政府那样，引起那个谨慎的政府的担心和嫉妒"，李说，"富兰克林博士有同样的看法"。②

富兰克林实际上是接受了欧洲启蒙运动对中国的看法，把中国看作是一个实行开明专制的国家、由熟知儒家经典的官吏进行统治的和谐社会，艺术与哲学发达，依靠德行进行治理，无论是统治者还是普通民众都崇尚美德。富兰克林从这一社会中发现了革新殖民地社会和建设新国家的灵感。新的共和国需要具有美德的合格的公民，而中国似乎是德行政治的典范，儒家伦理和中国人的道德实践可以为美国人养成共和美德提供借鉴。富兰克林或许是新大陆第一个也是 18 世纪最喜爱中国的人。他称"中国人是一个开明的民族，世界上曾经存在的最古老文明的民族，他们的

---

① Willianm B.Willcox, ed., *The Papers of Benjamin Franklin*, 28 vols, New Heaven：Yale University Press, 1959—1990, Vol.21, 1978, pp.172～173.
② Willcox, ed., *The Papers of Benjamin Franklin*, Vol.24, 1984, p.15.

艺术非常古老"。① 富兰克林在 1781 年 5 月 7 日给友人的信中称
赞"中国人在欧洲之前很长时间就知道了指南针"。② "与富兰克
林关系非常密切的一个记者曾对富兰克林著作的编者说,富兰克
林"非常热衷阅读有关中国的书籍,他告诉我说,如果他年轻,
他会到中国去"。③

约翰·亚当斯也认为儒家学说对美德的强调与一个自由政府
的要求是一致的。他在 1776 年出版的《政府论》(*Thoughts on
Government*)中说"所有有思想的政治家都同意,社会的福祉是
政府存在的目的……从这一原则出发,保证最大多数人最大幸福
的政府是最好的政府",而"人的幸福和他的尊严都离不开美德",
因此政府的基础应该是"美德"(virtue),这样的政府比任何形
式的政府都更能促进人民的福祉。亚当斯称,孔子、苏格拉底和
穆罕默德等人都认同这一点。④

美国建国时期的著名政治家、《独立宣言》的签署人之一、
后来担任宾夕法尼亚大学教授的本杰明·拉什(Benjamin Rush)
也主张公民的美德是共和政府的基础,而儒家伦理值得美国青年

① *Transactions of American Philosophical Society for Promoting Useful
Knowledge*, Held at Philadelphia, 1786, Vol.2, p.307. 美国 Newsbank 公司数据库
Early American Imprint: Series I: Evans, 1639—1800(http: //infoweb. newsbank.
com). [Dec.10, 2005]
② "To Court de Gebelin", Lemay, ed., *Benjamin Franklin*, *Writing*, p.1034.
③ Sparks, ed., *Benjamin Franklin*, Works, Vol.2, p.241.
④ John Adams, *Thoughts on Governments: Applicable to the Present State of
the American Colonies*, Philadelphia, 1776, pp.4 ~ 6. 美国 Newsbank 公司数据
库 Early American Imprint: Series I: Evans, 1639—1800(http: //infoweb.
newsbank.com). [July 20, 2005]

美国《独立宣言》1823 年原件摹本

学习。他说："在一个共和国里良好教育的根基在于宗教，没有教育就没有美德，而没有美德就没有自由，而自由是共和政府的目标和生命。因此，我对每一个展示神性的宗教都表示尊敬。我宁愿向年轻人灌输孔子和穆罕默德的思想，也不愿意让青年人在没有宗教原则的情况下成长。"①

除倡导依赖德行的政治外，启蒙运动的一个重要内容是试图发现一种纯理性范围内的自然宗教，以批判和取代被认为是扼杀理性和导致蒙昧与盲从的启示宗教。欧洲的一些启蒙思想家在中国发现了这样的宗教，其代表人物是德国的莱布尼茨。在莱布尼茨看来，中国人的思想正属于符合理性的自然宗教。莱布尼茨声称："如果说我们在手工艺技上同他们（指中国人——引者）相比不分上下，而理论科学方面还能超过他们的

莱布尼茨画像

①　Benjamin Rush, *Essays*, *Literary*, *Moral & Philosophical*, Pennsylvania, 1798. 美国 Newsbank 公司数据库 Early American Imprint: Series I: Evans, 1639—1800（http: //infoweb.newsbank.com）. ［July 20, 2005］

话，那么在实践哲学领域，即在关于生活与人类日常习俗的伦理道德和政治学说方面，我们肯定是相差太远了。"因此他提出欧洲应该学习中国的"实用哲学和合乎理性的生活方式"，"鉴于我们道德败坏的现实"，应"由中国派传教士来教我们自然神学的运用和实践"。①

潘恩与莱布尼茨有类似的思想。作为一个自然神论者，潘恩鼓吹自然宗教，把孔子描绘成伟大的道德导师，认为孔子提出的宗教原则高于基督教伦理。在其《理性时代》（*The Age of Reason*）中，潘恩评论说，耶稣"宣传而实践的道德是最仁爱的一种"，并说"在他多年以前孔子和某些希腊哲学家也曾宣传类似的道德体系"。②1804 年 3 月 31 日，潘恩在自然神论者的杂志《展望》（*Prospect*）上撰文评论说："作为一部道德书籍，《新约圣经》中有几个部分是很好的，但是早在耶稣诞生前几百年，这些道德原则在东方世界就被鼓吹过。生活在耶稣时代前 500 年的中国的哲学家孔子曾说过：以德报德，以直报怨（acknowedge the benefits by the return of benefits, but never revenge injuries）（该句出自《论语·宪问篇》——引者）。"③

---

① 莱布尼茨：《〈中国近事〉序言》，见安义铸等编《莱布尼茨与中国》，福建人民出版社，1993 年版第 105、108 页。

② Eric Foner, ed., *Thomas Paine*, *Collected Writings*, New York: Literary Classics of the United States, Inc., 1995, p.670.

③ "Of the Old and New Testament", Philip S.Foner, ed., *The Complete Writings of Thomas Paine*, New York: Citadel Press, 1945, Vol.2, pp.805～806.

潘恩用儒家思想来抨击基督教的权威，认为基督教源自犹太教，沾染了犹太教的迷信和邪恶，远没有中国哲学那样理性和中国伦理那样纯洁。他说："中国人是一个比犹太人古老得多的民族，就历史悠久这一点而言无与伦比，除了被欧洲商业腐化的一些方面外，他们还是温和的并有良好道德的民族。"

除潘恩外，当时美国很多自然神论者都赞扬中国人的理性精神，把儒学视为一种理性宗教，没有基督教烦琐的仪式和教阶制度。如著名学者、牧师、耶鲁学院的院长埃兹拉·斯泰尔斯（Ezra Stiles）称孔子是"可爱的自然神论者"（the amiable Confucius of deism）。[①] 马萨诸塞唯一神教派的牧师、著名杂志《北美评论》的编辑安德鲁·皮博迪（Andrew Peabody）发表《中国》一文，称中国文明达到了"在基督教文明之外的文明的最高阶段"。[②] 1801年，美国女作家汉娜·亚当斯（Hannah Adams）在其《宗教观》一书中这样称赞儒家思想：

> 这一宗教发自内心深处尊崇上帝或天帝（King of heaven），推崇去实践各种美德。他们既无庙宇也无教士，没有任何烦琐的表面崇拜的形式，每个人都以自己喜爱的方式尊崇上帝（Supreme Being）。孔子没有埋

---

① Ezra Stiles, *The United States Elevated to Glory and Honor*: *A Sermon*, New Heaven: Thomas and Samuel Green, 1783. 美国 Newsbank 公司数据库 Early American Imprint: Series I: Evans, 1639—1800（http: //infoweb.newsbank. eom）.［July 20, 2005］

② Cadle T.Jackson, *The Oriental Religions and American Thought*: *Nineteenth-Century Explorations*, Westport, Conn.: Greenwood Press, 1981, p.39.

头于深奥的观念中，而是怀着对伟大造物主最深的敬意来阐述自己的意见，他认为造物主是最纯洁、最完美的存在（essenee）和万物的源泉。他用更多的对造物主的敬畏、崇敬、感激和爱激励人们，他宣称造物主会佑护他所有的造物，把上帝描述成全知的存在，甚至我们最隐秘的思想也无法逃脱他的眼睛；上帝无限宽厚和公正，他会让每一个善行得到奖励，每一种罪恶受到惩罚。①

美国早期著名诗人、政治家乔尔·巴罗（Joel Barlow）也盛赞孔子在宗教问题上的看法。他说：

> 无论哪个时代，也无论哪个民族，也许没有任何一个标准能像他们对造物主（Deity）的性质和特质

乔尔·巴罗

---

① Hannah Adams, *A View of Religions*, Boston: John West Folsom, 1791, Part 2, pp.341 ~ 342. 美国 Newsbank 公司数据库 Early American Imprint: Series I: Evans, 1639—1800（http://infoweb.newsbank.com）.［July 20, 2005］

的一般性看法更能精确地决定一个社会的本质。在古代最开明的时期，也只有少数几个最杰出的哲学家，如苏格拉底和孔子形成了对这一问题的正确看法，他们把造物主描述成纯洁、公正和仁爱的上帝（God of purity, justice and benevolence）。①

纽约自然神论者的杂志《通信员》（*The Correspondent*）1827年12月1日载文认为中国人的宗教观富有理性精神，孔子的伦理体系是最优越的：

> 到过中国的旅行者普遍承认，那里的居民是非常温和、没有攻击性的民族，即使在道德上不比基督教国家更高尚，至少也是不相上下。从那里可以得出这样一个结论，即崇拜什么神，无论是上帝还是魔鬼，其实是没有什么不同的。事实上，根据对中国人的普遍描述，很难决定哪一种崇拜更优越。正如神学家们所描述的，无论是上帝还是魔鬼都会带来担心和恐惧，而不会伴随尊敬，既然魔鬼被认为是全能之神惩罚凡人的使者或执行者，那么中国人试图获得他的恩赐的做法似乎更明智。……中国人践行的是比基督徒更纯粹的道德，这必须归功于他们伟大的哲学立法者孔子的思想。孔子的伦

---

① Joel Barlow, *The Vision of Columbus*, Hartford: Hudson and Goodwin, 1787, pp.88～89. 美国 Newsbank 公司数据库 Early American Imprint: series I: Evans, 1639—1800（hftp: //infoweb.newsbank.com）. ［July 20, 2005］

理体系比历史上提出的任何伦理体系，无论来自神的启示还是其他途径的伦理体系，都决定性地优越得多。

反对自然神论的杂志《对策》（Antidote）反驳说，无论是孔子、柏拉图、亚里士多德还是穆罕默德都没有提出比基督教"己所欲，施于人"（Do unto others as ye would be done by）更崇高的伦理原则。《通信员》的编辑则讥讽说："难道贵编辑不知道，'己所欲，施于人'的格言正是从比耶稣诞生早 600 年的孔子的著作中借用过来或根本就是剽窃过来的吗？"①如果说，富兰克林最感兴趣的是儒家的道德和伦理艺术，潘恩看到的是中国人的理性精神，美国另一位启蒙时期的大思想家、农业立国的倡导者托马斯·杰斐逊则在中国发现了一个农业楷模。众所周知，欧洲的重农主义者大多是中国的推崇者，他们通常根据农业去评判一个国家的政府，并以此得出中国政府是最佳政府的结论。法国重农主义者魁奈、巴夫尔（Pierre Poivre）都对中国的农业成就极为赞赏，并把这一成就归功于中国人的理性精神。巴夫尔说："中国农业的繁荣超过世界上任何一个国家，不过这不是由于中国人特别勤劳，也不是由于耕作方式和播种方法……而主要应归功于政府形式，理性之手已经为这一政府奠定了永恒深厚的基础。几乎从人类一开始，中国就第一个在自然的指导之下，按照法律建立了政府的基础，并世代相承。铭刻在这个伟大民族共同心灵中的绝非暧昧不明的

① Aldridge，*The Dragon and the Eagle*：*The Presence of China in the American Enlightenment*，p.94.

巴夫尔

法典和各种阴谋诡计。"①

巴夫尔曾到过广州，对中国的农业经营和农业政策非常欣赏，他于1768年出版的《一个哲人的旅行记》（*Travels of A Philosophy*）被译成英文于1778年在费城出版，在北美广泛流传。该书的核心思想是把农业视为国家繁荣的基础，认为中国人口众多，人民生活幸福并非源于重商主义，而是由于他们合理的耕作方法、人民的勤劳和政府对农业的鼓励，因此中国应该成为法国效仿的楷模。很多美国人也正是看重这一点。费城出版商罗伯特·贝尔（Robert Bell）在该书英文版序言中说："每一个国家真正的幸福必须依赖于农业，而农业必然受既定的法律和政府形式的影响。大自然愿意对生而自由的人民的辛勤劳作露出微笑，但却厌恶专制者和奴隶。"②

富兰克林和杰斐逊都有重农思想。

① Lewis. A. Maverick，*China：A Model for Europe*，San Antonio，Texas：Paul Anderson Company，1946，p.43.
② Aldridge，*The Dragon and the Eagle：The Presence of China in the American Enlightenment*，p.152.

富兰克林在 1769 年 4 月 4 日发表的文章中说："一个民族获得财富只有三种途径。第一是靠战争，像古罗马人掠夺被征服的邻邦所做的那样。这是劫掠。第二是靠商业，而商业通常是欺诈。第三是靠农业这唯一正当的途径。人类可以从撒进大地的种子获得真正的增殖，这是由上帝之手创造并赐给人类的永恒的奇迹，作为对人类清白生活和善良勤劳的奖赏。"[1]

有理由认为，托马斯·杰斐逊关于农业与建国的思想受到中国的影响。杰斐逊在年轻的时候就阅读过关于中国的书籍。他曾于 1781 年 8 月 3 日为他的妻弟罗伯特·斯基普威思（Robert Skipwitch）提供一个当时在美洲能找到的一般题材的最佳书籍的书单。杰斐逊在书单中共列了近 200 种书籍，其中就包括英国人托马斯·帕西（Thomas Percy）编辑的中国小说《好逑传》（*Han Kiou Choaan*）和《中国杂集》（*Miscellaneous Chinese Pieces*）。《好逑传》译者不详，出版于 1761 年，讲述的是一个传统的才子佳人的故事，故事的主题是劝善惩恶，鼓吹贞洁和禁欲，与当时的清教伦理很接近。有英文版名为 *The Pleasing History*。《中国杂集》中则包括《赵氏孤儿》。《赵氏孤儿》最初是法文版，由耶稣会士马若瑟（Joseph Maria de Premare）翻译，收入 1735 年出版的由杜赫德编辑的《中国通志》。该书很快传到英国，并由托马斯·帕西译为英文，杰斐逊开列的是帕西的英文本。除《赵氏孤儿》外，在杰斐逊的书单中还包括一些晚近的西方小说。杰斐逊的解释是这些小说不仅有"娱乐"的作用，而且还有助于"确定美德的原

---

[1]　Lemay, ed., *Benjamin Franklin*, *Writing*, p.645.

则与实践"。也就是说，在杰斐逊看来，《赵氏孤儿》和《好逑传》
对陶冶美德有实际的价值。该书目中涉及中国的书籍还有乔治·安
森（George Anson）的《环球航行记》（*A Voyage Round the World
in the Years*）。[①] 杰斐逊开列这些书籍，至少表明他对这些书有一
定的了解。

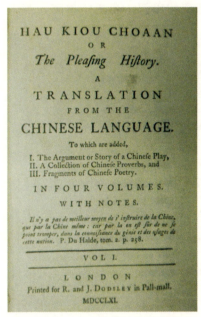

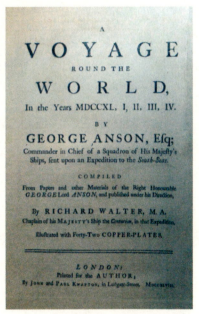

英国人托马斯·帕西编辑的英译本《好逑 1748 年乔治·安森著《环球航行记》扉页
传》扉页

---

① "To Robert Skipwith with a List of Books, Aug.3, 1771", Merrill D.
Paterson, ed., *Thomas Jefferson*, *Writings*, New York, 1984, pp.740～745.

　　杰斐逊相信农业是文明国家的基础，国家的财富主要依靠农业的繁荣，繁荣的农业和良好的政府是相互依赖的。他设想美国应成为一个由自由农场主组成的国度，主要发展农业，摒弃欧洲拥挤的工厂，因为只有自由小农才具有共和政体所要求的自立、自治、勤勉的美德，而中国在这方面是一个典范。杰斐逊特别赞赏中国不与欧洲来往的政策，当被问及美国是否应该鼓励商业的时候，杰斐逊说："如果完全按照我的设想，我希望美国人既不从事商业，也不从事航运，而是像中国的立场那样处理与欧洲的关系。这样我们就可以避免战争，我们所有的公民都将是庄稼人。"①

　　杰斐逊还通过一件特殊的事情与中国发生了联系。1808 年，当时担任总统的杰斐逊下令对英国实行商业报复，即实施贸易禁运，所有的商船不得出港，以惩罚英国在拿破仑战争期间对美国中立权利的损害和肆意在公海上劫掠美国商船。当时有一个中国商人 Punqua Wingchong 正在美国经商，他请求美国政府允许他雇来的商船出港返回中国，杰斐逊破例允许商船离开美国。在杰斐逊看来，这是一个机会，"使我们的国家能在中国政府那里获得最有利的理解，而用其他办法是很难传递信息的"。他打算利用这位中国人使中国了解"我们的国家、我们的境况和特点，并使该政府充分理解我们和英国之间的区别，而在它的政策中把我们

----

① "To G. K. van Hogendorp, Oct.13, 1785", Julian P. Boyd, ed., *Papers of Thomas Jefferson*, 22 volumes, Princeton University Press, 1950—1986, Vol.8, 1953, p.633.

区别开来"。杰斐逊认为他的这一举动能为美国商人和美国 "与那个国家的贸易带来长远的利益"。[①] 杰斐逊的设想虽然最后落空了，但这件事从一个侧面反映出杰斐逊对中国的认识和友好的态度。

埃兹拉·斯泰尔斯也对中国的农业成就和思想非常推崇。他主张美国政府的部分税收可以像中国那样以农产品实物来缴纳，而不一定全部以货币的形式，这样可以增加岁入。他在1783年5月的一次宗教仪式上说：

> 有一个国家，这种方法已经试用了很多年，而且非常成功。我指的是中国，太阳底下最英明的帝国。如果我记得不错的话，在中国，有十分之一的帝国岁入不是以货币的形式来收缴。用稻米、小麦和谷物来收缴，每年大约有4000万袋，每袋120磅，共相当于8000万蒲式耳；以原丝和加工好的蚕丝来收缴，有100万磅。其余的则以盐、葡萄酒、棉花和其他形式的劳动成果以一定的百分比来收缴，并且储存在帝国各地的仓库中。……在那里，居民受到的压迫比世界其他任何地区都要少。[②]

---

① Michael H., Hunt, *The Making of a Special Relationship*: *The United States and China to* 1914. New York: Columbia University Press, 1983, P.13.

② Ezra Stiles. *The United States Elevated to Glory and Honor*: *A sermon*, preached before His Excellency Jonathan Trumbull, Esq L.L.D, governor and commander in chief, and the Honorable the General Assembly of the state of Connecticut, convened at Hartford, at the anniversary election, May 8th, 1783. 美国 Newsbank 公司数据库 Early American Imprint: Series I: Evans, 1639—1800 (http: //infoweb.newsbank.con) [Dec.14, 2005]

1787 年 6 月 21 日《纽黑文公报》（*New Haven Gazette*）上刊载的文章代表了启蒙时代美国人对中国的最高评价。中国被作者视为农业繁荣、个人自由、政府开明和社会公正的典范。文章说：

> 把你们的目光转向中国人生活的亚洲大陆的东端，在那里你会看到一种令人着迷的关于幸福的思想，这一思想全世界都可以分享，这个帝国的法律可以成为其他国家效仿的典范。这个伟大的国家是在农业的荫佑下凝聚在一起的，是建立在自由和理性基础之上的，无论文明国家和野蛮国家拥有的优势它都拥有。上帝创世那一刻宣称给予人类的赐福，似乎还没有彻底实现，但却非常关照这一（中国）人民，他们就像岸边的沙地一样，人口不断地增加。

> 统治各国的君主们！他们命运的主宰者们！好好观察这一景象，它值得你们注意。你希望在你的领地内财富获得增加吗？你想施恩于你的人民使他们幸福快乐吗？请关注在中国土地生活的无数的人们，他们让每一块土地都获得耕种。是自由，是他们拥有的不受干扰的财产权使他们的农业如此繁荣，正是在这种繁荣的农业的保护下，这一国家的人民才像他们土地上的粮食一样不断地繁殖。

> 如果成为最强大、最富有、最幸福的主权者的荣耀触动了你的雄心的话，请把你的目光转向北京，关注坐

在理性的宝座上的那最强大的人民。那里的君主不是发布命令，而是提供指导；他的话不是敕令，而是正义和智慧的箴言。他的人民服从他，那是因为他的命令符合公平正义。

那里的君主是最强大的，他统治着世界上人口最多的社会的心灵。他是最富有的君主，从600平方里格（leagues square）的土地上不断开垦，甚至在山顶上耕种，其农业收成的十分之一来自山坡地。他把开垦的土地作为留给子孙的财富，并小心地保存这一财富。①

鸦片战争之前，中美文化交流也可以说是不平衡的，但这种不平衡与鸦片战争后美国文化大量传入中国不同，更多表现为中国文化向美国的传播及其对美国思想界的影响。作为一个年轻的共和国，美国富有积极进取的精神，渴望了解域外的世界，对来自东方的文化表现出高度的敬意。而此时的中国则保守和自负，对外来文化采取拒斥的态度，甚至对来自西方的"蛮夷"充满轻蔑。对外来文化的不同态度以及鸦片战争前中国在西方世界受到尊崇的国际地位决定了这一时期的中美文化交流呈现出中国文化流向美国的单向特征。就像在启蒙时代的欧洲一样，与中国相关的思想和知识的制造与传播构成美国启蒙运动中思想潮流的一部分，成为美国启蒙运动的思想酵母。

---

① *New Haven Gazette*，Vol. 2，p.142. 转引自 Aldridge，*The Dragon and the Eagle: The Presence of China in the American Enlightenment*，pp.155 ～ 156.

第三章

中国农作物和植物向美国的传播

　　中国地域辽阔，气候差异巨大，人口众多，这使中国人自古以来就非常重视对野生植物的开发和利用以及农作物的培育，并尽可能地利用各种各样的野生植物作为食物，中国拥有世界上非常丰富的各种气候条件下的农作物。而美洲作为新大陆开发较晚，除印第安人培育的有限的农作物外，大量的农作物和植物需要引进。早在殖民地时代，中美之间虽然还缺乏直接的往来，但殖民地一些有影响的人物通过欧洲出版的书籍已经对中国的农业文明有所了解，他们惊叹于中国农业的成就，希望引进中国的农作物和植物。

　　早在1771年，富兰克林就注意到北美13个殖民地与中国一样，都处于北温带和亚热带，两地气候和土壤环境有很多相似的地方，因此北美的自然条件适合引进中国植物。富兰克林在该年出版的《美国哲学学会记录》（Transactions of American Philosophical Society）第一卷中说：

　　　费城在北纬40度，与中国的北京非常类似……（它们）在两个大陆中的位置也是一样的，即都在大陆的东面，冬季寒冷，而夏季非常温暖。两个地方同样的季风会产生同样的影响。这种相似性不仅体现在气候上，在土壤和自然物产上也非常相像，烟草、商陆科树木（Phytolacca）、桑树……是中国土生的植物，它们也是美洲我们这一地区土生的植物。人参只有在北京的西部（原文如此——引者）才能采集到，据我所知，除了在美洲相同的纬度上，在世界其他地区都没有发现。

桑树

富兰克林认为中国的很多农作物可以引进到美洲，这样将会大大改善美洲人的生活。他说：

> 我们有理由希望，如果进行适当的调研，很多中国土生的植物，包括茶叶也可以在美洲发现，茶叶已经在我们中间广泛饮用，成为我们的生活必需品并非常有利可图。……如果我们能如此幸运以至于把中国人的勤劳、他们的生活技术和改善耕作的方法以及他们本土的植物引进来，美洲会很快成为像中国那样人口稠密的地区，这样美洲能容纳的居民就会比世界相同纬度的任何国家都要多。①

茶树

---

① *Transactions of American Philosophical Society*, Held at Philadelphia, for Promoting Useful Knowledge, Vol.1, From January 1, 1769, to January 1, 1771. preface, pp.3 ～ 5, 7. 美国 Newsbank 公司数据库 Early American Imprint：Series I: Evans, 1639—1800（http：//infoweb.newsbank.com）. ［Dec.10.2005］

　　富兰克林 18 世纪 50 年代在伦敦的时候曾向埃兹拉·斯泰尔斯邮寄一些从中国绘画上复制下来的有关中国生产蚕丝的知识。富兰克林在伦敦推销宾夕法尼亚的蚕丝，主张一年生产两季，他以中国做例证，称"那里的气候非常像北美"。[①]

梁楷《蚕织图》里描绘的蚕丝的制作过程

　　美国从中国最早引进的农作物是大豆，大豆传入美国的过程颇具传奇色彩。

---

① Benjamin Franklin, Papers, 28 vols, New Heaven: Yale University Press. 1959—1990, Vol.19.p.136.

大豆

在中国传说中，大豆已经有 5000 年的历史，传说是神农氏最早发现和栽培的农作物之一，当时称之为菽。[①] 大豆在 18 世纪的贸易中传到欧洲，关于大豆如何传到美国有很多传说，过去的说法认为大豆是由本杰明·富兰克林在 18 世纪 70 年代传入美

---

① 根据著名经济史家何炳棣的研究，大豆在中国开始种植的年代不会早于公元前 11 世纪的周代，即距今大约 3000 年前而不是 5000 年前。参见：P. T. Ho，"The Loess and the Origin of Chinese Agriculture"，*American Historical Review*. Vol.75，No.1，Oct.1969.

国的。[1] 但是，最新的研究表明，大豆传入美国要更早一些，最早把大豆介绍到北美的也不是富兰克林而是塞缪尔·鲍恩（Samuel Bowen）。

神农氏

鲍恩可能是第一个到中国的美国人。[2] 他出生在乔治亚殖民地，曾作为英国东印度公司"皮特"（Pitt）号商船的船员于1759年4月16日到达广州。到广州后他与东印度公司的中文

---

① Walter T. Swingle, "Our Agricultural Debt to Asia", Arthur E. Christy. ed., *The Asian Legacy and American Life*, New York: The John Day Company, 1945.p.88.

② 第一个到中国的美国人过去通常被认为是约翰·雷亚德（John Ledyard）。雷亚德出生于弗吉尼亚殖民地，于1776年从伦敦出发，参加英国探险家库克的最后一次太平洋探险航行，到过广州，1781年返英。雷亚德1782年返美，游说美国商人开展对华贸易，促成了"中国皇后"号商船首航中国。参见: Tyler Dennett, *Americans in Eastern Asia*, New York, 1941, p.4; 李定一:《中美早期外交史》，北京大学出版社，1997年版第4～5页。

翻译詹姆斯·弗林特（James Flint）一起随"皮特"号的补给船"成功"（Success）号向北航行，到过宁波和天津。"成功"号的北上违反了清政府只允许在广州一口岸通商的规定，回到广州后很快与中国政府发生纠纷，船员被投入监狱，这成为当时轰动一时的事件。鲍恩自述因此事在中国被关和居住了四年，辗转有2000英里，在此期间他曾留意中国的农业方法和农产品，并希望回到美洲后在美洲种植。1763年底，鲍恩回到伦敦，带回一些中国大豆的种子。1764年回到老家——乔治亚殖民地的萨凡纳（Savannah）。1765年春，由于鲍恩当时还没有自己的土地，他于是请乔治亚殖民地的总测量师（the surveyor General）亨利·尤格（Henry Yonge）在自己的农场种植他从中国带来的大豆，当年，尤格收获了三季大豆。1765年5月，鲍恩在萨凡纳以东只有几英里远的桑德伯尔特（Thunderbolt）购买了一块450英亩的土地，

萨凡纳

取名格林威治（Greenwich），转年开始种植大豆，并与詹姆斯·弗林特合作，生产豆制品向英国出售。[①] 鲍恩这样介绍他从中国带来的大豆种子：

> 中国人把这些大豆（vetches）作如下用途。他们用它制作一种非常好的通心粉，一些人认为比意大利通心粉还要好。在海上没有比这更好的东西了，象鼻虫对这种植物无可奈何。

> 在广州和中国其他城市，大豆在经过如下准备工序后用来做凉拌菜，或像其他蔬菜那样煮着吃，或者熬汤：

> 他们把大约两夸脱的豆子放进一个能盛一配克（等于 8 夸脱——引者）的粗布袋子里，然后把袋子放入温水中浸泡一小会儿，而后把袋子放在一个木制格板上，然后放进一个木桶里，把木桶盖上盖，每隔几小时浇一些水，30 ～ 40 小时后就会长出 3 英寸长的豆芽，然后取出来，用油和醋一起炒，或像其他蔬菜那样煮着吃。

> 在海上新鲜水特别珍贵，他们会在桶底放一个塞子，把水放干，重新用来浸泡豆子，这样水就不会浪费。

> 弗林特先生和鲍恩先生发现用这种方式使用的大

---

① T. Hymowitz and J. R. Harlan, "Introduction of Soy beans to North American by Samuel Bowen in 1765", *Economic Botany*, Vol, 37, No.4, October-December 1983, pp.371 ～ 373.

豆具有很好的防治坏血病的作用。这是他们把大豆引进美国的主要原因，因为这是预防和治疗在国王陛下的轮船上服务的海员中经常得的坏血病的最有价值的方法。

这些豆子在青草比较缺乏的温带地区还有很大的用途，你可以用它来做喂牲口的最好的饲料，可以在豆秆还绿的时候喂给牲畜，也可以做成干草，而不需要脱粒。在气候比较温暖的地区，大豆一年可以产四季，每一季大豆成熟需要六周的时间，成簇地直长高到 18 英寸到两英尺不等。①

鲍恩用在自己农场出产的大豆制作豆粉、通心粉（面条）和豆酱出口。1766 年英国的"艺术、制造业和商业协会"（the Societv of Arts，Manufacturers and Commerce）授予他金质奖章，英王乔治三世给了他 200 畿尼（guinea）的礼物。当时英国著名的植物学家约翰·福瑟吉尔（John Fothergill）博士称，学会的农业委员会对鲍恩生产的西米粉（sago）和通心粉（vermicelli）进行了试验，发现它们确实是既便宜又有益于健康的食品，可以成为大宗的贸易商品。1767 年 7 月 1 日鲍恩新发明的用在美洲生长的大豆制造西米粉、通心粉和豆酱的方法获得英国皇家专利。1789 年，鲍恩将一些中国大豆的种子、六瓶豆酱和六磅西米粉（sago）

① Hymowitz and Harlan，"Introduction of Soybeans to North American by Samuel Bowen in 1765"，*Economic Botany*，Vol，37，No.4，October-December 1983，p.373.

英王乔治三世

送给了费城的美国哲学学会（the American Philosophical Society for the Promotion of Useful Knowledge），学会把豆种分发给 8 个农民去种植。1769 年 4 月 21 日，鲍恩当选为学会会员。[①]

鲍恩很可能就是前述《中国书简》中的那位英国海员。虽然现在还没有证据表明富兰克林与鲍恩认识，但富兰克林认识与鲍恩一起来中国的弗林特，听弗林特说起他们在中国的故事是非常可能的。1770 年 1 月 11 日，富兰克林从伦敦给他在费城的朋友、植物学家约翰·巴特拉姆（John Bartram）写信谈及用来制作豆腐的农作物的种子并提及曾向弗林特请教。大意是：

> 我还给你寄去一些绿色的干豌豆，这里的人认为它是制作豌豆羹的最好原料，同时还有一些中国鹰嘴豆，纳瓦雷特（Navarrete）神父曾记述在中国通常被用来制作奶酪，

豌豆

① Hymowitz and Harlan, "Introduction of Soybeans to North American by Samuel Bowen in 1765", *Economic Botany*, Vol, 37, No.4, October-December l983, pp.374～375.

这一点激起了我的好奇心，并促使我向曾在那里居住过很多年的弗林特先生请教这种奶酪的制作方法，我把他提供的答案也寄给你。据我了解，先是把豆子磨成粉状，放入水中，然后放一点盐，就变成凝乳。我想，我们那里也有鹰嘴豆，我不知道与这里的豆类是否属于同一类，这里的蚕豆实际上来自中国，是制作豆腐（Taufu）的原料。据说，这里的中国蚕豆增长很快。[1]

蚕豆

① Willcox, ed., *The Papers of Benjamin Franklin*, Vol. 17, 1973, p.23.

鹰嘴豆

　　这里的纳瓦雷特神父是指西班牙籍耶稣会传教士多明戈·费尔南德斯·纳瓦雷特（Domingo Fernandez Navarrete），他最早向欧洲介绍中国大豆。弗林特显然是指詹姆斯·弗林特。约翰·巴特拉姆把富兰克林寄来的种子种在自己的花园里。[①]

　　但鲍恩和富兰克林等人传入美国的大豆种子在美国未能大面积种植。到 20 世纪 30 年代，大豆开始在美国普遍种植，种子仍然来自中国。20 年代，当时美国农业部的专家多塞特（P. H. Dorsett）到中国和日本等地收集优质的大豆种子，到 1928 年美国共收罗了 2800 包中国大豆种子。当时在美国农业部担任大豆研究组织者的威廉·莫尔斯（William J.Morse）对这些大豆种子进行了研究，发现很多种子适应性较差。1929—1931 年间，莫尔斯和多塞特一起到中国来考察，他们在中国人的帮助下，采集了各种大豆的种子带回美国，解决了适应美国气候和土壤的问题，使大豆在美国的产量激增。到 1942 年美国种植大豆的面积达 1510.2 万英亩，光大豆部分的收入就达 2 亿美元。每英亩的产量达 18.7 蒲式耳。[②] 大豆成为美国 7 种最主要的农作物之一。

　　西洋参虽然不是从中国引进的，乃是北美土生的植物，但却是因中国而被发现的。

---

① T. Hymowitz and W. R. Shurtleff，"Debunking Soybean Myth and Legends in the Historical and Popular Literature"，*Crop Science*，March/April 2005，Vol.45，No.2，p.471.

② Swingle，"Our Agricultural Debt to Asia"，Christy，ed.，*The Asian Legacy and American Life*，pp.88 ～ 89.

西洋参

法国耶稣会士约瑟夫·弗
朗索瓦·拉菲托

众所周知，人参作为一种药材和补品在中国非常受欢迎。明末清初来华的耶稣会士有很多关于人参功效和中国人喜欢人参的报道。前文提到的杜赫德的《中国通志》在北美流传甚广，其中有很多关于中国人参的记载。旅居北美的法国耶稣会士约瑟夫·弗朗索瓦·拉菲托（Joseph Francois Lafitau）在 1715 年注意到欧洲出版的书籍中有关人参的描述，于是开始在北美寻找这种植物。拉菲托后来回到法国，于 1717 年 1 月在法国一家耶稣会士的杂志上发表文章，称印第安易洛魁部落一种叫 garentogen 的植物就是中国的人参。[1]1738 年，前文提及的富兰克林的朋友、植物学家约翰·巴特拉姆在宾夕法尼亚也发现了这种人参。富兰克林在 1738 年 7 月 27 日出版的《宾夕法尼亚公报》上报道了此事。富兰克林说："我们很高兴地向世界宣布，著名的被称作人参的中国人或鞑靼人的植物，在本省萨斯奎汉纳（Susquehanna）

---

[1] Aldridge, *The Dragon and the Eagle: The Presence of China in the American Enlightenment*, p.49.

发现了，有几棵带有根茎的整棵人参从那里被运到了本城。这些植物看起来就是商会词典和杜赫德《中国通志》描述的植物，这种植物的用途非常大。"[1]18世纪后期西洋参成为美洲向中国出口的主要商品，首航中国的美国"中国皇后"号商船就载有大量人参。

美国现在使用的大黄（rhubarb）也是从中国传入的。1770年3月12日，当时西弗罗里达在伦敦的代理人约翰·伊利斯（John Ellis）给居住在乔治亚殖民地萨凡纳的詹姆斯·哈伯沙姆（James Habersham）寄了一些大黄的种子。哈伯沙姆于7月10日收到这些种子后分给当地几位最优秀的园艺学家，其中包括鲍恩。1772年富兰克林也在苏格兰获得了大黄的种子，他把这些种子寄给了费城的约翰·巴特拉姆。[2]

在18世纪70年代，中国的高地稻（upland rice）、巴豆树（croton sebiferum）和木油树（the tallow tree）都传到了美国。美国植物学家亚历山大·加登（Alexander Garden）博士在1772年12月28日出版的《南卡罗来纳和美洲综合公报》（*South Carolina and American General Gazette*）上撰文称，常驻广州的英国东印度公司大班约翰·布莱克（John Bradby Blake）把交趾支那（Cochin China）的高地稻的稻种寄给了他在北美的朋友约翰·埃利斯（John

---

[1] Aldridge, *The Dragon and the Eagle*：*The Presence of China in the American Enlightenment*, p.57.

[2] Hymowitz and Harlan, "Introduction of Soybeans to North American by Samuel Bowenin 1765", *Economic Botanu*, Vol, 37, No.4, October-December 1983, p.375.

大黄

巴豆的果实

Ellis），以便在南部殖民地试种，这种稻子在当时被认为是最有价值的粮食作物。布莱克还把木油树传到英属北美南部殖民地，因为这种树可以出产介于石蜡和牛脂之间的一种物质，在南部有很大的用途。[①]

鸦片战争后，随着中美交往的加深以及中美贸易的发展，越来越多的植物和水果的种子被带回美国，美国有很多水果和蔬菜都是从中国引进的。美国最好的柑橘最初来自中国，一些重要的观赏性植物如山茶、切诺基玫瑰来自中国，一些漂亮的树如银杏和樟脑树也来自中国。1897年，戴维·费尔柴尔德（David Fairchild）在美国农业部下面组织了一个植物引进署（The Plant Introduction Service），专门负责从国外引进经济性和观赏性的植物。20世纪初，植物引进署的农业专家在中国收集了数千包植物种子和数百捆活着的植物，运回美国。其中P.H.多塞特和弗兰克·迈耶（Frank N. Meyer）的工作最为突出，多塞特20世纪20年代初期曾在华北地区考察，拍摄了很多中国农作物的照片，对华北地区农作物的种植、收割和病虫害的防治情况进行了详细的记录，收集了多种大豆标本。

1914年，美国佛罗里达州柑橘类水果普遍发生腐烂，美国决定到中国寻找能抵御这种水果疾病的柑橘品种。美国农业部植物管理局在1915年派遣农业专家到中国，当时中国长江以南各省种有几百种柑橘。美国的柑橘专家们不仅在中国找到了抵御坏死病的

---

① Aldridge, *The Dragon and the Eagle*: *The Presence of China in the American Enlightenment*, pp.64 ~ 65.

山茶

银杏叶

樟脑树

橙子

柑橘品种，而且发现中国的古书中对柑橘的性
能、种植和疾病防治作用有大量记载，迈克尔·哈
格蒂（Michael J.Hagerty）在农业部植物管理局
官员瓦尔特·斯温格尔（Walter T. Swingle）的
支持下将《钦定古今图书集成》中关于柑橘的
部分共 500 页内容翻译成英文，大大促进了美
国人对柑橘知识的了解。据斯温格尔的估计，
在20世纪40年代美国有很多其他柑橘类水果，
包括最好的橙子品种都源自中国。①

瓦尔特·斯温格尔

关于中国和亚洲其他国家对美国动植物
发展的贡献，美国农业部植物管理局的官员
在 20 世纪 40 年代初曾有过这样一番评论：

> 没有亚洲动植物的引进，美国乃
> 至整个西半球的农业都不可能得到很
> 好的发展，除了暴躁的美洲骆驼和火
> 鸡外，我们就不会有其他家养的动物。
> 我们可能会有一些不错的食用植物、
> 马铃薯、玉米、豆类和西红柿，但我
> 们没有绿色蔬菜，除了亚热带鳄梨和
> 几种李子、葡萄和浆果外，我们缺乏

---

① Swingle, "Our Agricultural Debt to Asia",
Christy, ed., *The Asian Legacy and American Life*,
pp.98 ～ 99.

一些重要的水果。

　　如果我们被一种恶意的魔法突然剥夺了我们正在使用的所有亚洲动植物，我们一开始的反应可能是惊愕，接着就会是恐惧，不久就会是挨饿，除非我们能够马上动员世界上所有的交通设施给我们提供食物，同时也提供制作冬衣的羊毛、制作鞋子的皮革和一大堆日常生活必需品。①

美国高度机械化的农场

---

① Swingle, "Our Agricultural Debt to Asia", Christy, ed., *The Asian Legacy and American Life*, p.84.

第四章

中国艺术品

在美国的传播

在殖民地时代初期，美国人民普遍比较贫穷，收藏艺术品还是一种奢侈。到 18 世纪中期，在东北部大城市如波士顿、纽约、费城和巴尔的摩等地出现了一些富豪家庭，南部殖民地的种植园主也集聚了大量的财富，其中一些人开始收藏艺术品。当时适逢欧洲兴起罗可可艺术风格（the rococo aesthetic），人们厌倦古典艺术风格，对带来清新之风的中国艺术非常推崇，兴起所谓的"中国风"（Chinoiserie），北美也受到这种艺术潮流的影响。当时美国东海岸一些家庭室内用中国艺术品进行装饰，家具风格模仿中国。中国的壁纸、瓷器、齐本达尔式的家具（指 Thomas chippendale 设计的采取中国样式的家具）和中国的手工艺品大量输往美国。在美国一些 18 世纪的酒馆和家庭的旧址发现了大量中国瓷器的碎片证明了这一点。美国东海岸的富商们还按照中国的风格和样式建造房屋和花园，花园内有中国式的亭台楼阁。1793 年在纽约就出现了中国风格的花园，是纽约最早的花园之一。①

---

① Isaacs，*Scratches on Our Minds：American Images of China and India*，p.93.

齐本达尔式中国家具，藏于圣地亚哥迈普的卡门博物馆

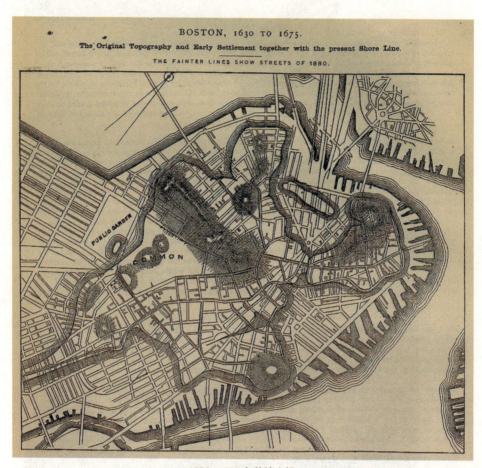

1630-1675 年的波士顿

大量中国商品，特别是丝绸、瓷器和手工艺品输往美国的同时，还传递了美好的中国形象，其价值远远超出了一般商品的范围。特别是瓷器不仅是美国家庭的装饰品和富有的象征，而且成为美国人了解中国的重要媒介，它使美国人能够了解到中国的地理、历史、农艺、陶瓷工艺、建筑、书法、绘画和神话传说，通过手工艺品传递给美国人的中国形象无疑是积极的。美国记者伊罗生在 1958 年称它们向美国人"提供了关于中国的初步印象，这一印象是浪漫、激情、朦胧、美好、遥远、奇妙、典雅和危险的混合体，直到今天，这一印象仍对美国人的中国观产生影响"。[①] 在美国革命初期，富兰克林把英国国王比喻成"雅致而高贵的中国花瓶"（fine and noble China Vase），[②] 言外之意，英王外表虽然显得高贵漂亮，但里面则是空的，以此比喻英王的无能。

但早期运往美国的瓷器主要是出口用的，价钱较便宜，大多为普通的日用品，技术含量不高，不能反映中国艺术的真实水平。根据目前的研究，首批中国艺术品流向美国是在 1796 年。荷兰东印度公司的一位职员霍克格斯特·布拉姆（Houckgest A.E.V Braam）于 1790—1795 年间在中国工作，1796 年移居美国，他赴美时带了 2000 幅中国绘画和大量的中国家具以及其他各种各样的中国艺术品。布拉姆还在费城郊外的特拉华河西岸建造了一个中国式的住宅，起名"中国退隐园"（China's Retreat），楼顶上是一座宝塔，里面装有包括 17 个中国人物塑像的立体布景。

---

① Isaacs，*Scratches on Our Minds*，p.67.
② Willcox，ed.，*The Papers of Benjamin Franklin*，Vol.24，1984，p.260.

特拉华河西岸

中国退隐园作为地标性的建筑一直存在到
1970 年。布拉姆本人在 1798 年携带中国艺
术品去了英国，大部分艺术品于 1799 年在伦
敦著名的克里斯蒂拍卖行（Christie's London
auction house）被拍卖还债。①

　　1838 年，在对华贸易中致富的商人内森·邓
恩（Nathan Dunn）在费城举办了中国艺术展，
这是在美国举办的第一个东方艺术展。展览展
出了 1200 多件中国艺术品，包括瓷器、绘画
和家具，其中包括与真人一般大小的人物塑
像，这些人物包括中国各个阶层，有皇帝、高
级文武官员、行商、陶瓷工人、茶农和船工。
120 页的展品目录单对艺术品有详细的介绍。
邓恩在广州居住约有 10 年，与中国的行商和
官员保持良好的关系，对中国文化，特别是中
国艺术有浓厚的兴趣。他认为美国人对中国艺
术品的理解不应停留在对异国情调的好奇上，
而应更进一步了解中国的艺术精品，通过艺术

内森·邓恩

---

① William J. Brinker, "Commerce, Culture, and
Horticulture: The Beginnings of Sino-American Cultural
Relations", Thomas H.Etzold, ed., *Aspects of Sino-
American Relationssince* 1784, New York: New View
points, 1978, pp.11 ~ 12: Warren I.Cohen, East
Asian Art and American Culture: *A study in International
Relations.* Columbia University Press, 1992, p.6.

品了解中国的文化。据说，他花了 5 万美元收集这些中国艺术品，花 8000 元组织展览。展览获得了巨大成功，在展出的 3 年时间里，约有 10 万人参观了展览。[①] 当时著名政论家西德尼·费希尔（Sidney George Fisher）在看完展览后评论说，展览"展示了中国人生活的完美图景"，"没有什么比中国的艺术品更有趣、更辉煌"，中国瓷器"超乎寻常地美妙"。费希尔感叹说"我以前从不知道中国人如此奢华和精致"。[②]

邓恩的展出无疑达到了目的，使美国人看到了中国不仅有用于出口的普通瓷器，还有艺术精品，而且通过艺术精品对中国文化有了进一步了解。邓恩的展览刺激了美国人对中国文化的兴趣。

鸦片战争后，顾盛使团来华以及 1844 年《望厦条约》的签订使美国人在 19 世纪 40 年代对中国文化的兴趣增加。约翰·彼得斯（John Peters）和巴纳姆（P. T. Barnum）在美国内战前曾组织了两个中国文化展。在 19 世纪 60 年代，美国两个最重要的收集中国艺术品的人物是驻华公使蒲安臣（Avtson Burlingame）和来华著名传教士并曾担任过美国使团中文翻译的卫三畏（Samuel W. Williams）。蒲安臣收集了不少瓷器、漆器和手工艺品带回美国，这些艺术品于 1917 年在纽约州的塞拉库斯博物馆展出。卫三畏收

① Brinker, "Commerce, Culure, and Horticulture: The Beginnings of Sino-American Cultural Relations", Etzold, ed., *Aspects of Sino-American Relations since 1784*, p.12; Cohen, *East Asian Art and American Culture: A Study in International Relations*, pp.10 ~ 11.

② Jean Cordon Lee, *Philadelphians and the China Trade*, 1784—1844, University of Pennsylvania Press, 1984, p.16.

卫三畏

蒲安臣

集了大量中国瓷器，他收藏的瓷器具有很高的艺术价值，而非一般的商品。①

内战结束后，美国迅速完成工业化，并积聚起巨大的财富。收藏艺术品本身既是致富的一种手段，同时也是财富和地位的象征，因此不再是零星的个人的业余爱好，而逐渐成为一种时尚。美国一些大城市在19世纪70年代出现最早一批艺术博物馆，如华盛顿特区的科科伦美术馆（Corcoran Gallery）、纽约大都会艺术博物馆和波士顿艺术博物馆（Boston Museum of Fine Arts）。当时在收集东方艺术品方面的重要人物是巴尔的摩的沃尔特斯（W.T.Walters），他在内战后通过投资南方铁路致富，在1894年去世时收集了近2000件中国陶瓷，构成今天巴尔的摩沃尔特斯艺术馆（Walters Art Gallery）的主要收藏。另一位著名的中国艺术品收藏家是纽约的塞缪尔·埃弗里（Samuel P. Avery），其兄弟艾忭敏（Benjamin Avery）于1874—1885年间担任美国驻华公使。塞缪尔·埃弗里对中国的陶瓷非常感

艺术品收藏家塞缪尔·埃弗里画像

① 冯承柏：《中国与北美文化交流志》，上海人民出版社，1998年版第409页。

兴趣，影响了美国人对中国艺术的偏好，美国很多大的艺术博物馆都有中国陶瓷的收藏，这与他的影响不无关系。1879 年，他把自己收藏的大部分中国陶瓷艺术品卖给了纽约大都会艺术博物馆，这是该博物馆首次收藏东方艺术品。①

巴尔的摩沃尔特斯艺术馆内部一瞥

---

① Cohen. *East Asian Art and American Culture: A Study in International Relations* p.19.

纽约大都会艺术博物馆

波士顿艺术博物馆内部一瞥

　　1876年美国在费城举办了纪念美国独立100周年世界博览会。中国在当时的海关总税务司赫德的组织下挑选中国古代的瓷器和国画参加了博览会，中国艺术品吸引了很多参观者。

　　1893—1919年是美国收集东亚艺术的黄金时代，成千上万的中国的无价之宝流入美国。东亚艺术收藏和展览方面的教育工作在这一时期也开始了。在美国各大博物馆，收藏东亚艺术品开始风行。1893年在芝加哥举行纪念哥伦布发现新大陆的世界博览会，会上展出的中国和日本的艺术品激起美国人对东亚艺术的广泛兴趣。由于清末民初中国社会的动荡，中国大量艺术品流向国外，一些考古发现被劫掠。这一时期对收藏东方艺术具有重要贡献的两个人物是查尔斯·弗利尔（Charles Lang Freer）和福开森（John C. Ferguson）。

福开森

查尔斯·弗利尔

弗利尔原为火车车厢制造商，自 19 世纪 80 年代开始收集艺术品，最初对日本艺术非常感兴趣，后来又转向中国绘画。到 1905 年，弗利尔已成为美国、欧洲和日本艺术界公认的美国最大、最渊博的东亚艺术收藏家。弗利尔不仅是收藏家，在一定意义上也是一位艺术教育家，他把自己的艺术收藏向公众开放，教育公众欣赏亚洲艺术的价值和重要性。他以低价向芝加哥、费城、明尼阿波利斯和克利夫兰的博物馆出售自己的藏品，帮助这些博物馆建立东亚艺术品收藏。弗利尔在司戴德等人的支持下曾在北京的使馆区建立了一个美国考古学校，专门训练中国古代艺术品鉴赏和保管方面的人才。弗利尔没有子嗣，为了在其死后保持其藏品的完整性，他决定将其所有藏品捐献给国家。1905 年美国总统西奥多·罗斯福说服国会接受这些藏品，由联邦政府下属的史密森学会负责保管这些藏品。最后他将自己所有的收藏，共约 9000 件艺术品捐献出来，建立了以他名字命名的美国国家艺术馆——弗利尔艺术馆（Freer Gallery），该馆于 1923 年 5 月开始向公众开放。^① 作为 20 世纪初美国东方艺术的权威，弗利尔是美国东亚艺术收藏史上贡献最大的人物。

---

① 冯承柏：《中国与北美文化交流志》，上海人民出版社，1998 年版第 409 页；
Cohen East Asian Art and American Culture：*A.Study in International Relations*，
pp. 54 ～ 56.

弗利尔艺术馆外部

1915 年的美国总统西奥多·罗斯福

福开森是来华的美国传教士，1899 年在盛宣怀的支持下在上海创办《新闻报》，该报很快成为上海最大的日报，为福开森赢得巨大的财富。他熟悉中国语言，不仅自己办报，而且为美国杂志如《大西洋月刊》（*Atlantic*）和《北美评论》（*North American Review*）撰写关于中国的文章，著有多种关于中国艺术的书籍，是有名的中国通。福开森曾担任过清政府派往美国的特使，被誉为北京最有影响力的外国人之一，一度是美国驻华公使的热门人选，与几任美国驻华公使芮恩施、詹森等人交游甚厚。民国成立后，原清朝贵族和官员失势，大量出售自己收藏的艺术品，福开森与这些人交游甚多，遂大量购买。福开森对美国东亚艺术品收藏的贡献还在于促使纽约大都会艺术博物馆在 1912—1913 年开始收集中国艺术品，并充当博物馆在中国的购买代理人。大都会博物馆建立于 1870 年，但除在 1879 年接受塞缪尔·埃弗里的收

盛宣怀

藏外，东方藏品并不多。福开森为博物馆大量购买中国绘画、陶瓷和青铜器。

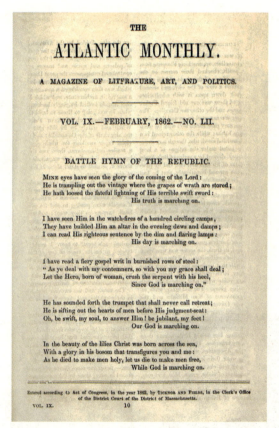

《大西洋月刊》首版

20世纪20—30年代，中国经历了军阀混战、国民革命和日本的入侵，长期处于战乱之中，同时民族主义的兴起也使国人对中国文物和艺术品流向海外极为敏感，视之为西方列强对中国文物的掠夺和民族的耻辱。这些都影响到美国对中国艺术品的收集和研究。这一时期美国东亚艺术收集方面的重要人物是约翰·E.洛奇（John Ellerton Lodge）。其父是美国著名的共和党参议员、曾长期担任美国参议院外交委员会主席的亨利·卡伯特·洛奇。约翰·E.洛奇在1920—1942年间长期担任华盛顿弗利尔艺术馆的馆长，他发起组织赴华考古队，由知名考古学者卡尔·毕晓普（Carl W. Bishop）任队长，多次来华，受到美国驻华使馆的支持，也得到北京政府和一些军阀如吴佩孚的配合以及一些中国学者的协助。1931年国民政府颁布法律，宣布所有地下文物为国有。1933年，毕晓普考古队停止了在中国的活动。

亨利·卡伯特·洛奇

1924年9月8日《时代》封面上的吴佩孚像

1935—1936 年间在英国伦敦皇家艺术科学院举办了中国艺术展，展品包括世界各地私人和官方收藏的中国艺术品。这是在海外举行的最大的中国艺术展。国民政府行政院把一些国宝级的文物运到伦敦去展览，向世人展示了中国古代艺术的成就，引起巨大轰动。一些美国人士建议把这些国宝级文物运到纽约去展览，让美国人了解中国的艺术与文化成就，以利于美国人民支持中国抗战。因运送中国文物需要美国海军护送，因此展览必须得到美国政府的同意，但美国国务院出于对日关系的考虑，对此事非常冷淡。

在摄影技术出现之前，艺术品提供了一个国家的形象，例如乔治·华盛顿对中国的认识主要来源于中国瓷器上的中国风景。中国艺术品所传达的中国形象是美好的。美国记者伊罗生在 20 世纪 50 年代曾这样评价中国艺术品给美国人留下的印象："'优雅'和'精致'二词，几乎总是与遍布在我们周围的、被如此众多的博物馆收藏的中国艺术品联系在一起，包括青铜器、玉器、象牙制品、瓷器、绘画、卷轴、

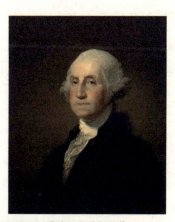
乔治·华盛顿画像

珍贵的丝绸、挂毯，并且不可思议地古老。"①

中国艺术品在美国传播所产生的意义是多方面的。一方面，它促进了美国人对中国文化的理解和尊重。美国人民不再把中国艺术品仅仅当作异国情调，而是研究和欣赏其中的美学价值、艺术风格和象征意义，而这种欣赏会转化成对中国文化和中华民族的尊重。正如孔华润（Warren A.Cohen）所言，"接受东亚艺术作为一种真正的艺术是接受东亚人作为真正的民族的第一步。如果他们的艺术是精致的——熟练（sophistication）、技巧（skill）和天才（genius）的产物，那么他们就是一个具有熟练、技巧和天才能力的民族"。②自18世纪晚期以来中国艺术品在美国的传播虽然没有改变美国人的优越感和赐福于东方的信念，但在一定程度上改变了美国对中国的看法，加强了中西方文化的对话。美国人对中国古代辉煌文明的欣赏和尊崇与中国艺术品的传入显然有着密切关系。另一方面，中国艺术品也影响了美国人的审美情趣和对艺术与美的理解，影响了美国的建筑和绘画的风格。同时艺术的交流也是国际关系的重要组成部分，艺术在美国与东亚关系中扮演着重要角色，一些国家常常把艺术展览作为一种政策工具，以促进外交政策目标和塑造良好的国家形象。中国艺术品在近代大量流向美国也反映了美国不断增加的实力和中美两国之间不平等的关系。

---

① Isaacs, *Scratches on Our Minds: American images of China and India*, pp.90～91.
② Cohen, *East Asian Art and American Culture: A Study in International Relations*, p.32.

　　本书的研究表明，中美文化关系从来都不是单向的，自 18 世纪中后期以来，中国文化，无论是以儒家伦理为代表的观念文化还是以大豆为代表的物质文化，抑或是中国的艺术品都对美国具有不同程度的影响。美国文化从来也都不仅仅是西方文明的产物，而是多元文化交融的结果。正如伊罗生所言，"事实上，在很久以前，中国的花边就被织入美国的织物中"，"与美国人整体经历的图案相比，这些镶嵌在美国拼图中的中国碎花儿没有多大，但它们也不小。它们显然可以被肉眼所看见"。[①] 中国文化在美国的传播对一个拥有多元文化的现代美国的崛起做出了重要的贡献。

---

① Isaacs, *Scratches on Our Minds: American Images of China and India*, pp.67, 69.

主要参考文献：

1. 冯承柏：《中国与北美文化交流志》，上海人民出版社，1998年。

2. Harold R.Isaacs, *Scratches on Our Minds: American Images of China and India*, Westport, Connecticut: Greenwood Press.1958.

3. A. Owen Aldridge, *The Dragon and the Eagle: The Presence of China in the American Enlightenment*, Detroit: Wayne State University Press, 1993.

4. Warren I. Cohen. *East Asian Art and American Culture: A Study in International Relations*. Columbia University Press, 1992.

5. Thomas H.Etzold.ed.. *Aspects of Sino-American Relations since 1784*, New York: New Viewpoints, 1978.

6. T. Hymowitz and J. R. Harlan, "Introduction of Soybeans to North American by Samuel Bowen in 1765", *Economic Botany*, Vol, 37, No.4, October-December 1983.

7. Arthur E. Christy, ed., *The Asian Legacy and American Life*, New York: The John Day Company, 1945.

8. Michel Oksenberg and Robert B.Oxnam, eds., *Dragon and Eagle: US-China Relations: Past and Future*, New York: Basic Books, Inc., 1978.

9. Jean Gordon Lee, *Philadelphians and the China Trade*. 1784—1844, University of Pennsylvania Press, 1984.

10. William B. Willcox, ed., *The Papers of Benjamin Franklin*, 28 vols, New Heaven: Yale University Press, 1959—1990.